GÉNÉALOGIE

DE LA

FAMILLE

DE CACHELEU

Originaire du Ponthieu.

AMIENS,

IMPRIMERIE DELATTRE-LENOEL,

RUE DES RABUISSONS, 30.

—

1875

GÉNÉALOGIE

DE LA

FAMILLE

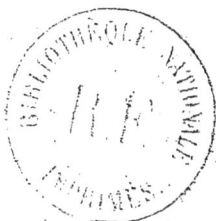

DE CACHELEU

Originaire du Ponthieu.

AMIENS. — TYPOGRAPHIE DE DELATTRE-LENOEL.

GÉNÉALOGIE

DE LA

FAMILLE

DE CACHELEU

Originaire du Ponthieu.

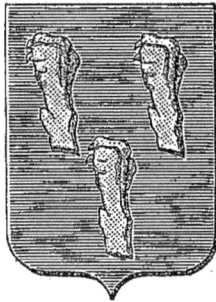

AMIENS,

IMPRIMERIE DELATTRE-LENOEL,

RUE DES RABUISSONS, 30.

—

1875

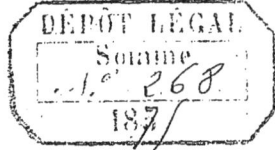

GÉNÉALOGIE

DE LA

FAMILLE DE CACHELEU.

(PICARDIE).

Le nom de CACHELEU, qui veut dire en picard *chasse loup*, louvetier, est très-ancien en Ponthieu. JEAN CACHELEU, dit Wiri, possédait un fief à Bussu en 1312, et ALIAME CACHELEU, était bailly d'Abbeville en 1323.

Lors des recherches ordonnées par Louis XIV, il y eut de nombreuses branches de la famille de Cacheleu maintenues dans leur noblesse ; elles sont connues sous des dénominations particulières :

1° Les sieurs de Maisoncelles et de Frévent furent maintenus par jugement de M. Bignon, intendant général de Picardie, en date du 10 décembre 1701.

2° Les sieurs de Maisoncelles, par M. Bernage, le 7 septembre 1715.

3° Les seigneurs de Bouillancourt sur Miannay, de Thoras et de Houden, par M. Bernage, le 6 décembre 1717.

4° Les seigneurs de Poupincourt et de Bussu, par M. Bignon, le 3 janvier 1699.

5° Les seigneurs de Vauchelles et du Titre, et 6° les sieurs de Bussuel, par M. Bignon le 30 janvier 1700.

Les deux premières branches portent *de gueules à trois fasces d'or, au franc canton de sable à une bande d'argent chargée de trois coquilles de pourpre.* — Les quatre autres, *d'azur à trois pattes de loup d'or.* Supports : *deux lions.* Cimier : *un léopard issant.*

Les sieurs de Maisoncelles et les Cacheleu *aux pattes de loup* ont été considérés comme deux familles distinctes. Malgré la différence des armes, que je chercherai à expliquer d'ailleurs, je crois qu'ils ont la même origine ; les premiers auteurs réclamés par les uns et les autres, avaient en effet leurs biens près de Saint-Riquier, à Bussu, à Bellencourt, dont les territoires se touchent.

Les sieurs de Maisoncelles disent descendre de Thomas Cacheleu, écuyer, fils d'Aliame, sans pouvoir toutefois établir leur filiation ; ils conservent dans leurs archives le contrat de la vente qu'il fit, le 2 août 1346, à Colas Le Caucheteur, d'Abbeville, de ses héritages et biens francs, des cens et franchises à prendre sur les terres qu'il tenait du roi à cause de son comté de Ponthieu, dans les abornements desquels sont cités le chemin qui mène d'Epagne à Abbeville, celui qui mène d'Abbeville à Amiens, et le chemin de sente d'Abbeville à Saint-Riquier. Il s'agit ici évidemment de biens situés *à* ou *près* Bellencourt.

Je trouve encore que Thomas Cacheleu, écuyer, avait un fief près de Saint-Riquier, tenu d'un autre fief à Coulonvillers, lequel était tenu de Ponches. — aveux du 4 avril 1372, et du 1er septembre 1378. (Ms. Dom Grenier).

Or les Cacheleu *aux trois pattes de loup* n'ont cessé d'habiter ces parages. J'ai cité Jean Cacheleu, dit Wiri, possesseur du fief Adam le Bled, à Bussu, en 1312. Un autre Jean Cacheleu, également surnommé Wiri, son descendant ou son neveu, possédait en 1449 le même fief, qui était tenu de Drucat, et c'est de lui qu'ils sont tous venus, par WALQUIN, son fils, se perpétuant dans les mêmes lieux, tandis que COLART CACHELEU étant venu habiter Villeroy, et ayant acheté en 1371 le fief de Maisoncelles, y séant, près de Rambures, ses descendants auraient oublié leur communauté d'origine avec les Cacheleu de Bussu ; ils auraient même alors quitté leurs armes primitives, les armes parlantes que ceux-ci ont conservées, pour prendre, en intervertissant les émaux, et suivant un usage du temps, les armes des sires de Rambures, dont ils devenaient les vassaux, et à la famille desquels ils paraissent avoir été longtemps attachés tout spécialement.

Je ne donnerai la généalogie détaillée que des Cacheleu *aux trois pattes de loup* ; je ferai toutefois observer que les descendants des sieurs de Maisoncelles se sont perpétués en Normandie jusqu'à nos jours ; — leurs derniers représentants mâles étaient octogénaires en 1868 et n'avaient que des filles.

C. B.

GÉNÉALOGIE DES CACHELEU,

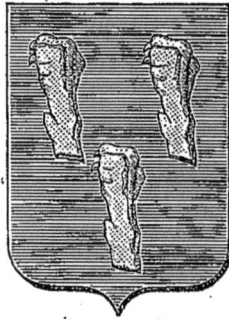

PREMIÈRE BRANCHE.

I. *Jean* Cacheleu, dit Wiry, sieur du fief Adam le Bled, sis à Bussu, lequel était dans sa famille dès l'année 1312, ainsi qu'il est dit plus haut, était cousin de Jean *le Vasseur* (1),

---

(1) Jean le Vasseur, sʳ de Sailly, dont la famille a occupé un rang distingué à Abbeville, légua à Jean Cacheleu, son cousin, la maison dite de *la Tête noire;* ce dernier en fit relief, le 27 juin 1437, à sire Jehan Despos, chapelain en Saint-Vulfran ; cette maison était située devant le portail Saint-Eustache de Saint-Vulfran; elle faisait le coin de la descente du Pont-aux-Brouettes avec le Petit Marché, et tenait par derrière à la rue des Changes. Waleran, dit Walquin Cacheleu, fils de Jean, la vendit par contrat du 27 juillet 1515, dᵗ Mᵉˢ Louis Dechaux et Nicolas de Noyelle, auditeurs à Abbeville, à Jehan d'Arrest, marchand, et, le 16 juillet 1518, le vendeur et l'acquéreur acquittèrent les droits seigneuriaux de cette vente, entre les mains de Nicolas Lucas, clerc de la recette de Ponhieu, qui leur en donna quittance. Cette maison fut démolie il y a trente ans environ.

mari de d^{lle} Jehanne *Lessopier ;* il demeurait rue Notre-Dame du Châtel en 1460, et était mort en 1466.

Il avait épousé d^{lle} Simonne *Cordier,* dont il eut Waleran, dit Walquin, qui suit.

II. *Waleran* ou *Wallerand,* dit *Walquin* DE CACHELEU, écuyer, s^r de Largillière et de le Loche (1), né vers 1447, comparut, parmi les membres de la noblesse, à la rédaction de la Coutume de Ponthieu en 1495, et encore en 1507. Il présenta ses fiefs en 1498, demeurait paroisse Saint-Paul à Abbeville en 1500, et vivait encore en 1526.

Il épousa d^{lle} Jacquette *de la Garde* (2), dont il eut *Pierre,* qui suit.

III. *Pierre* DE CACHELEU, écuyer, s^r de le Loche, demeurait à Bussu, — était mort avant le 20 mars 1541. Il épousa par contrat du 15 janvier 1522, d^t Me Macherier, auditeur du roi à Abbeville, d^{lle} Jeanne *de Morvilliers* (3), fille de Jacques, écuyer, s^r des Marests, et de d^{lle} Jeanne de la Rocque, dont il eut :

1° *Claude,* qui suit.

2°. *Jacques,* marié à d^{lle} Jeanne *Le Cordier,* qui se remaria à Antoine Le Maistre, procureur à Amiens. Elle était sœur de d^{lle} Marie Le Cordier, dame du second Quint de Maisons-Ponthieu, femme en 1res noces de Jean Le Brun, écuyer, s^r de Longueville et de Hacquevillers, et en 2es noces de Pierre Le Vasseur, écuyer, s^r d'Hiermont.

3° *Jean,* surnommé *Frécol.*

4° *Colaye,* dame du fief de Lanchières, mariée à Jean *Marcotte,* dont suite.

---

(1) Fiefs, sis à Bussu.

(2) LA GARDE. — Armes : *D'azur, à une tour d'or et deux flammes de gueules issantes des créneaux.*

(3) DE MORVILLIERS. — *D'or à trois merlettes de sable, à une bordure engrelée de gueules.*

IV. — *Claude de* CACHELEU, écuyer, sieur de Le Loche et de Largillière, archer d'une Cie de 50 lances des Ordonnances du roi sous la charge de messire Jean de Créquy en 1545 (1); il quitta le service du roi après avoir atteint l'âge de 60 ans, et acquit du s^r des Groiseliers le fief de Poupincourt, sis à Mareuil, le 18 février 1580.

Il épousa par contrat du 6 octobre 1550, d^t Nicolas le Cateux et François Caisier, notaires à Abbeville, d^{lle} Antoinette *du Maisniel* (2), dame de Poultières, fille de Nicolas, écuyer, s^r dudit lieu, et de d^{lle} Marie du Ruissel, dont il eut :

1° *Claude*, qui suit.
2° *Marguerite*, née paroisse Saint-Gilles, le 27 août 1569.

V. — *Claude de* CACHELEU, écuyer, s^r de Le Loche, de Bussu en partie et de Poupincourt, d'abord novice page du s^r de Ligny, puis archer d'une Cie de 100 hommes d'armes des Ordonnances du roi sous la charge de M. de Joyeuse, amiral de France, en 1582 ; — capitaine commandant de la ville de Saint-Riquier pour la Ligue, par commission du 17 avril 1589 ; — capitaine de 100 hommes de pied en 1591, alors âgé de 34 ans ; — servit Henri IV au siége d'Amiens, ainsi qu'on le voit par des certificats de ce prince en date des 5 août et 25 septembre 1597 ; il fut confirmé dans sa noblesse par sentence des élus de Doullens, du 1er juin 1609 ; on voit par cette sentence que les armes du

---

(1) Est qualifié homme d'armes des ordonnances dans un relief du 20 mars 1541. Il demeurait au cimetière du Sépulcre en 1568.

(2) Antoinette du Maisniel était nièce de Pierre du Maisniel, écuyer, seigneur de Longuemort. Les s^{rs} d'Epaumesnil, d'Applaincourt, de Belleval, de Watignies, du Hamel et de Saveuse, tous issus d'un frère desdits Pierre et Nicolas, portent : *D'or à deux fasces de gueules, chargées chacune de trois besants d'or.* C'est une modification ou une altération des armes anciennes que portaient les s^{rs} de Longuemort : *D'argent à une bande de gueules, chargée de trois besants d'or.*

père et de la mère dudit Claude étaient représentées sur la maîtresse vître de l'église de Bussu.

Marié 1° Par contrat du 13 novembre 1586, d^t M° Morand Dupuis, n^{re} à Breteuil, d^{lle} Marie de *Sericourt* (1), fille de Jacques, écuyer, s^r d'Esclainvillers, et de d^{lle} Madelaine d'Amerval ou de Merval.

2° Par contrat du 18 décembre 1597, d^t Mes Pierre Lefèbvre et Nicolas Becquin, notaires à Abbeville, à d^{lle} Antoinette *Le Saige* (2), dame de Vauchelles et du Titre, fille de Jehan, écuyer, seigneur desdits lieux, et de d^{lle} Marie Mourette.

Du premier lit est venu :

1° *Jacques*, qui suit.

Et du second :

2° *Jean*, écuyer, seigneur de Vauchelles, né vers 1606 et mort à Vauchelles le 17 avril 1668, sans avoir été marié.

3° *Nicolas*, seigneur du Titre, et de Vauchelles après la mort de son frère Jean, a formé une branche rapportée plus loin, page 28.

4° *Louis*, seigneur de Bussuel, a formé une branche rapportée page 37.

5° *Charles*, écuyer, s^r de Bussuel, capitaine au régiment de Beaujeu, major de la Cité d'Arras, fut tué en 1652, à la défense de cette ville.

---

(1) DE SÉRICOURT. — *D'argent, à une croix de gueules, chargée de 5 coquilles d'or.*

(2) Le SAIGE ou LE SAGE. — Armes anciennes : *D'argent, à un chevron d'azur, accompagné en chef de deux croissants et en pointe d'une rose de gueules.* Jean Le Saige, écuyer, seigneur de Vauchelles et du Titre, veneur et rachasseur pour le roi en la forêt de Crécy, ayeul d'Antoinette, portait *Écartelé : Au 1er d'argent, à trois têtes de cerf au naturel; aux 2e et 3e, de Rambures, (d'or à trois fasces de gueules); au 4e, d'argent à un cor lié de sable, accosté de deux pieds de cerf au naturel.*

6° et 7° *François* et *Pierre*, prêtres, religieux Bénédictins de la Congrégation de Saint-Maur, à Saint-Riquier.

8° *Claude*, prêtre, religieux Bernardin de l'abbaye de Valoires,

9° *Antoinette*, dame de Poultières, épousa : 1° en 1615 Gédéon *de Belleval* (1), écuyer, s͏ʳ de Floriville, et 2° en 1620, Oudart *de Mailly* (2), écuyer, s͏ʳ de Bréauté ; dont suite des deux lits.

10° *Marguerite*, mariée en 1624 à André de *L'Estoille* (3), écuyer, s͏ʳ de Bréville et de Cerisy, dont suite. Il épousa en secondes noces, en 1642, d͏ᵉ Marguerite *Gaude de Montainneville*.

11° *Marie*, morte jeune.

VI. — *Jacques de* Cacheleu, écuyer, seigneur de Poupincourt et de Bussu en partie, exempt des gardes du corps de Gaston, duc d'Orléans, par provisions du 2 décembre 1626, testa le 30 juin 1635, et était mort avant 1645.

Il épousa par contrat du 4 novembre 1625, d͏ᵗ M͏ᵉ Jean d'Amiens, notaire à Abbeville, d͏ᵉ Françoise de *Maillefeu* (4), dame de Bouillancourt-sur-Miannay, fille aînée (5) de Nicolas, écuyer, s͏ʳ dudit lieu et de Maillefeu, et de d͏ᵉ Catherine Le Caron de Renancourt (6), dont il eut :

---

(1) De Belleval. — *De gueules, à une bande d'or, accompagnée de sept croix recroisetées de même, 4 en chef et 3 en pointe.*

(2) De Mailly de Bréauté. — *D'or à trois maillets de sinople et un filet de gueules en barre.*

(3) De l'Estoile. — *D'azur, à trois molettes d'éperon d'or, posées aux trois premiers quartiers, et un besant de même au quatrième.*

(4) De Maillefeu. — *D'argent à cinq perroquets de sinople, becqués et membrés de gueules, posés en orle.*

Pour la généalogie des Maillefeu, voir *la Picardie*, année 1866.

(5) Sa sœur unique, Madeleine de Maillefeu, épousa, en 1631, Antoine Le Clerc, écuyer, seigneur de Bussy, Montenoy et autres lieux. Leur postérité s'est continuée jusqu'à ce jour.

(6) Catherine Le Caron était fille de Guillaume, écuyer, s͏ʳ d'un fief à Fontaine-sur-Somme, duquel sont issus les s͏ʳˢ de la Mothe, de Chocqueuse, de Marieu, de Louvencourt, etc., du même nom.

1° *Nicolas*, qui suit.

2° *Antoine*, était en 1686 ermite non profès sous le nom de frère Antoine de Sainte-Madelaine, en l'ermitage du Bois-David, près de Saint-Malo.

3° Messire *Joachim*, prêtre.

4° Messire *Charles*, prêtre, demeurait à l'ermitage du Bois-David, en 1686.

5° *Claude*, a fait la branche des sᵣˢ d'Houdan et de Villers page 16.

6° *Robert*, a formé la branche des sieurs de Mézerolles et de Nœux, page 19.

7° *Madelaine*, morte sans alliance vers 1682.

8° *Antoinette*, mariée en 1673 à Nicolas *Le Roy*, chᵉʳ, seigneur de Bardes et de Hurt, dont postérité.

9° *Marguerite*, morte sans alliance.

10°, 11° et 12° — *Catherine, Marie* et *Claire*, religieuses.

VII. — *Nicolas de* Cacheleu, écuyer, seigneur de Bussu, Monflières et Bouillancourt sur Miannay ; il vendit la partie de la seigneurie de Bussu qu'il possédait et les différents fiefs y séant, à Philippe du Gardin, sʳ de Longpré, par contrat du 22 décembre 1682, dᵗ Mᵉ Charles Pappin, notaire à Abbeville. Louis de Cacheleu, son oncle, en fit le retrait lignager.

Il épousa par contrat du 20 juillet 1665, dᵗ Mᵉ Noel Le Caron, notaire au bailliage d'Amiens, dˡˡᵉ Charlotte de *Chérie* (1), fille aînée de Charles, écuyer, seigneur de Fontenie, et de dˡˡᵉ Charlotte de Nointel, sa première femme ; il en eut entr'autres :

1° *Charles*, qui suit.

2° *Joseph-Nicolas-René*, écuyer, sieur de Maillefeu, né à Abbeville, pˢˢᵉ du Saint-Sépulcre, le 12 avril 1681 (2) ; fut cornette au régiment de Viéville.

3° *Nicolas-Jérôme*, a formé un rameau, page 15.

---

(1) De Chérie. — *D'or, à deux lions affrontés de sable, lampassés de gueules, soutenant un cœur de même.*

(2) Il eut pour parrain, Nicolas de Fontaine, chᵉʳ, seigneur de La Neuville-au-Bois, et pour marraine, Madame Renée de Ruppielle, vicomtesse de Gand ; il vivait encore en 1702.

VIII. — *Charles de* CACHELEU, chevalier, seigneur de Bouil-lancourt, né à Monflières, le 29 août 1666, mort en 1735 ; fut lieutenant de cavalerie au régiment de Goffreville.

Il épousa par contrat du 4 avril 1711, d^t Me François Le Caron, notaire à Amiens, d^{lle} Jeanne-Henriette-Agathe de *Louven-court* (1), fille de François, écuyer, s^r du Chaussoy, et de d^{lle} Jeanne Le Roy de Jumelles, dont il eut :

1° *Charles-François*, qui suit.

2° *Marie-Françoise-Agathe*, dite *mademoiselle de Bouillancourt*, dame dudit lieu et des fiefs de Carbonval, Allinville, Ailly, Manessier et des Folies, sis à Bouillancourt et aux environs. Née à Bouillancourt le 30 janvier 1712, reçue élève de la maison royale de Saint-Louis de Saint-Cyr le 30 mars 1724, après les preuves de noblesse requises en pareil cas ; ne se maria point et mourut au château de Bouillancourt le 15 novembre 1790, après avoir fait de son vivant, mais pour en jouir seulement après elle *dona-tion entre vifs et irrévocable à messire Maximilien de Cacheleu, son héritier apparent, chevalier de l'ordre royal et militaire de Saint-Louis, sous brigadier des gardes du corps de sa Majesté, demeurant ordinairement au village de Méricourt*, de sa terre de Bouillancourt et des susdits fiefs y annexés, par contrat du 30 novembre 1786, d^t Me Josse Lefebvre, not^{re} royal à Abbeville.

IX. — *Charles François de* CACHELEU, chevalier, seigneur de Bouillancourt, né le 16 février 1714, reçu page dans la grande écurie du roi le 31 mars 1731, ayant dû pour cela faire preuve de son ancienne noblesse ; mort, sans avoir été marié, le 24 février 1768 ; inhumé dans le chœur de l'église de Bouillancourt, où se trouve son épitaphe.

---

(1) DE LOUVENCOURT. — *D'azur, à une fasce d'or, chargée de trois merlettes de sable, et accompagnée de trois croissants d'or, 2 en chef et 1 en pointe.* Du frère de Jeanne-Henriette-Agathe de Louvencourt sont issus, par plusieurs degrés, MM. de Louvencourt d'Avricourt.

DEUXIÈME BRANCHE,

Issue de la première.

VIII. — *Nicolas-Jérôme de* Cacheleu, chevalier, 3ᵉ fils de Nicolas, sʳ de Bussu, et de dˡˡᵉ Charlotte de Chérie, sa femme, fut sieur d'un fief à Bouillancourt, sʳ de Maillefeu, et lieutenant de dragons. Il demeurait en 1702 pˢˢᵉ de Saint-Firmin de Nampont, et en 1717 à Rue ; il mourut le 13 septembre 1719.

Il épousa :

1° Par contrat du 22 septembre 1701, dᵗ Mᵉ Robert de Lengaigne, nʳᵉ à Abbeville, — célébration du 2 décembre 1702, pˢˢᵉ de Saint-Éloy d'Abbeville, — dˡˡᵉ Elizabeth-Ursule *Le Clerc de Bussy* (1); sa cousine, veuve en 1ʳᵉˢ noces de Daniel de Berlaire, chevalier, et en 2ᵉˢ noces de François-Léonor Du Four, chᵉʳ, seigneur de Thubeauville, et fille d'Antoine Le Clerc, écuyer, seigneur de Bussy et autres lieux, et de dˡˡᵉ Madelaine de Maillefeu de Bouillancourt, sa seconde femme.

2° Avant le 8 février 1713, dˡˡᵉ Françoise *Le Vasseur*, fille de noble homme Antoine, sieur de Favery, et de dˡˡᵉ Françoise Hermant.

Du second lit sont venues ;

1° *Marie-Françoise*, morte sans alliance le 8 octobre 1731.

2° *Bonne-Charlotte*, religieuse du tiers ordre de Saint-François à Rue; elle prit l'habit le 18 décembre 1731 et fit profession le lendemain, sous le nom de sœur de Saint-Wulphy.

---

(1) Le Clerc de Bussy. — Voir la note de la page 33.

TROISIÈME BRANCHE,

Issue de la première.

SEIGNEURS DE THORAS, SAINT-LÉGER ET HOUDAN, COMTES DE VILLERS.

VII. — *Claude de* CACHELEU, chevalier, 5e fils de Jacques, sr de Poupincourt et de Bussu, et de dlle Françoise de Maillefeu ; né à Abbeville, psse du Saint-Sépulcre le 7 novembre 1635, fut seigneur de Thoras, Saint-Léger-lès-Authie et Poupincourt-lès-Mareuil, où il demeurait en 1677 ; d'abord capitaine de cavalerie, il fut ensuite, par commission du 21 février 1680, capitaine d'infanterie au régiment de Picardie, et inspecteur des troupes du roi. Au mois de mars 1706 il obtint l'autorisation, pour lui et les siens, de joindre au nom de Cacheleu celui de Truffier ; il est mort à Saint-Léger en 1716.

Il épousa :

1o Le 6 juin 1671, dlle Anne de *Louvencourt* (1), fille de Jacques, écuyer, sr de Pissy et de Pierrecluet, et de dlle Marguerite de Conty d'Hargicourt.

2o Par contrat du 24 décembre 1677, dt Me Charles Pappin, nre à Abbeville, — dlle Marie-Claire *Truffier* (2), fille de François, cher, seigneur d'Allenay, Port, Houdan et Ercourt, et de dlle Jeanne Maillart, dame de Houdan et d'Augecourt ; c'est par elle que la comté-pairie de Villers-sur-Authie vint dans cette branche des Cacheleu.

De son second mariage sont venus :

1o *Claude*, cher, seigneur comte de Thoras et de Villers-sur-Authie, premier pair du comté de Ponthieu, seigneur d'Houdan, Ercourt, Framicourt, Arrest, Andainville et autres lieux, né à

---

(1) DE LOUVENCOURT. — Pour les armes, voir la note de la page 14.
(2) TRUFFIER.— *De gueules, à trois molettes d'éperon d'or.*

Abbeville, paroisse Saint-Gilles, le 20 septembre 1678 ; il fut contrôleur de la gendarmerie et mourut à Villers en 1737, sans enfants. — Il avait épousé par contrat du 23 mai 1714, d' M° Doyen, n'° à Paris, d'le Bonne-Françoise de *Manneville* (1), fille de René Joseph, ch°r, comte de Manneville, marquis de Charlemesnil, gouverneur de Dieppe, et de d'le Bonne-Angélique de Mornay de Montchevreuil ; elle est morte paroisse de Saint-Eloi, le 15 janvier 1749.

2° *Jean-Baptiste*, qui suit.

3° *Marie-Françoise*, dame de Framicourt, née le 24 mars 1684, mariée par contrat du 29 avril 1711, d' M° Pierre Lefébvre, n'° à Abbeville, — célèb°ⁿ du 5 mai p'° Saint-Gilles, — à François de *Saisseval* (2), écuyer, seigneur de Pissy et autres lieux, capitaine de cavalerie au régiment de la Reine, fils de François et de d'le Geneviève Fraguier ; ils eurent une fille qui épousa le s' de Chassepot de Beaumont, auquel elle apporta la terre de Pissy, que leur postérité possède encore.

VIII. — *Jean-Baptiste de* CACHELEU-TRUFFIER, ch°r, seigneur C'° d'Houdan et d'Augecourt, né à Saint-Léger, le 25 octobre 1684 ; était page du duc du Maine en 1699, lieutenant aux Gardes Françaises en 1714, avec rang de lieutenant-colonel, fut chevalier de l'Ordre royal et m'° de Saint Louis et devint grand bailli de Vitri-le-François par provisions du 10 juillet 1720 ; il fut reçu au Parlement dans cette charge le 27 mars 1721.

Il épousa par contrat du 19 septembre 1719, d' m°° Diacre et Cordier, notaires à Châlons, d'le Michelle-Henriette-Anne-Jeanne *Langault* (3), fille de Henri, ch°r, s' de Bignicourt, grand bailli de Vitry-le-François, dont il eut entr'autres :

---

(1) DE MANNEVILLE. — *De sable, semé de croix recroiselées d'argent, à un lion de même brochant sur le tout.*

(2) DE SAISSEVAL. — *D'azur, à deux bars adossés d'argent.*

(3) LANGAULT. — *D'azur, à deux épées d'argent posées en sautoir, la garde et la poignée d'or.*

2

1° *Conrad-Victor François*, qui suit.

2° *Jean-Baptiste*, dit *le chevalier de Cacheleu*, lieutenant colonel de dragons, ch^{er} de l'Ordre royal et militaire de Saint-Louis, mort sans alliance en 1778.

3° *Claude-Eugène-Maurice*, dit *le baron de Cacheleu*, major de dragons au rég^t de Soubise, ch^r de Saint-Louis, mort sans postérité, ayant épousé à Montreuil (par^{se} Saint-Firmin), le 14 janvier 1770, d^{lle} Louise-Françoise *de Pinteville de Moncest* (1), veuve de Laurent-Pierre-Antoine-Joseph de Jacquier, baron de Rosé, seig^r de Fontaine et du Pas d'Authie, laquelle est morte à Montreuil le 12 février 1772, agée de 50 ans.

4° *Marie-Louise*, mariée le 4 octobre 1740, à Pierre *de Frédy* (2), écuyer, s^r de Ponthieu, Lieutenant d'infanterie au rég^t de Limousin, dont suite.

IX. — *Conrad-Victor-François de* CACHELEU-TRUFFIER, chevalier, comte d'Houdan, seigneur comte et pair de Villes-sur-Authie, premier pair du comté de Ponthieu, seigneur de Grincourt et de Collines, né le 17 novembre 1724, Lieutenant des Maréchaux de France au comté de Ponthieu, ch^{er} de Saint-Louis. Il a vendu au s^r Bourée de Neuilly la terre d'Houdan et a acquis celle de Collines; il est mort à Abbeville le 1er mai 1802.

Marié le 17 juin 1768 à d^{lle} Auguste-Isabelle-Josèphe *de Jacquier*, née le 5 juillet 1749, fille du baron de Rosé et de Louise-Françoise de Pinteville de Moncest. Elle est morte à Hesdin en 1841, à la suite de brûlures occasionnées par l'incendie accidentel de ses vêtements; elle fut inhumée à Villers-sur-Authie.

---

(1) DE PINTEVILLE. — *D'argent, à un sautoir de sable, chargé d'un lion d'or brochant sur le tout, armé et lampassé de gueules.*

(2) DE FRÉDY. — *D'azur, à 9 coquilles d'or. 3, 3, 2 et 1.*

D'eux sont venues :

1° *Henriette-Renée-Charlotte*, qui suit.

2° *Castille-Catherine-Marie-Josèphe*, née le 26 mai 1773, mariée à Claude-Marie *du Campe de Rosamel* (1), fils de Claude-Louis-Marie, ch⁽ᵉʳ⁾, seigneur de Rosamel, maréchal des camps et armées du roi, et de Marie-Josèphe Le Blond du Plouy, dont postérité (2).

X. — *Henriette-Renée-Charlotte* de CACHELEU-TRUFFIER, née le 30 juillet 1770, mariée par contrat du 27 mars 1805, d⁽ᵗ⁾ M⁽ᵉ⁾ Robin, n⁽ʳᵉ⁾ à Paris, (céléb⁽ᵒⁿ⁾ p⁽ˢˢᵉ⁾ N.-D. de Bonnes-Nouvelles le 31 mars), — à Pierre-François *de Guibert*, dit le comte *de Guibert*, ancien page de la grande écurie du roi, né le 30 juin 1767, fils du seigneur de Fontillay, dont suite.

QUATRIÈME BRANCHE,

Issue de la première.

SÉIGNEURS DE POUPINCOURT, RONCHOY, MÉZEROLLES, BARONS DE NŒUX.

VII. — *Robert de* CACHELEU, écuyer, 6ᵉ fils de Jacques et de d⁽ˡˡᵉ⁾ Françoise de Maillefeu, fut seigneur de Poupincourt et de Mézerolles, chevau-léger de la garde du roi et capitaine au régiment d'Artois ; acquit en 1679 la terre et seigneurie de Mézerolles. — Marié par contrat du 4 novembre 1673, d⁽ᵗ⁾ M⁽ᵉ⁾ Jean d'Aix, notaire à Amiens, à d⁽ˡˡᵉ⁾ Anne *de Tilloloy*, fille de Nicolas, s⁽ʳ⁾ de Senarmont, gendarme de la C⁽ⁱᵉ⁾ de la reine, et de feue d⁽ˡˡᵉ⁾ Michelle Gigault, sa première femme. Etant veuve, elle obtint pour elle et ses enfants, de M. Bignon, intendant de Picardie, un jugement de maintenue de noblesse, le 3 janvier 1699. D'eux sont venus.

---

(1) DU CAMPE DE ROSAMEL. — *D'argent, à deux fasces de gueules.*
(2) Une fille a épousé M. Jules d'Aumale.

1° *Nicolas*, écuyer, seig^r de Poupincourt et de Mézerolles, né à Abbeville, paroisse du Saint-Sépulcre, le 27 mai 1675 ; fut capitaine d'infanterie au rég^t d'Artois, puis au rég^t de milices de M. le Cte de Bellefourrière, et mourut le 21 août 1711.

Marié par contrat du 25 mars 1712, d^t Me Jacques Caron, notaire au bourg d'Ault, — dont célébration le 26 en la paroisse d'Onival, — a d^{lle} Marie-Michelle *Féjac*, fille d'Adrien, écuyer, s^r de Serinville, major des milices garde-côtes de la Capitainerie de Cayeux, et de d^{lle} Françoise de Boullongne ; elle mourut au mois de mai 1711. — Ils eurent une fille, *Marie-Angélique de Cacheleu*, d^{lle} de Mézerolles, morte sans alliance, ayant testé le 28 octobre 1732.

2° *Joseph*, qui suit.

3° *Jacques*, écuyer.

4° et 5° — *Marie-Louise* et *Marie-Anne*, maintenues dans leur noblesse avec leurs frères en 1699 ; elles se sont mariées à Auxy-le-Château.

VIII. — *Joseph* de CACHELEU, chevalier, seigneur de Ronchoy et de Mézerolles, après sa nièce ; — a servi 12 ans dans les gardes du roi et était en 1692 dans une Cie de 350 gentilshommes commandée par le Cte de Moncaut. — Marié par contrat du 3 septembre 1701, d^t Me François Mercier, notaire à Auxy-le-Château, à d^{lle} Marie-Angélique *Bourdin* (1), dame de Nœux. fille de Charles, ch^{er}, seig^r dudit lieu, et de d^{lle} Marie-Jeanne de Fontaines de Métigny ; il en eut 26 enfants :

1° *Joseph*, aliàs *François-Joseph*, qui suit.

2° *Jean-Baptiste*, dit le chevalier de Nœux.

3° *Jacques-Robert*, écuyer, s^r de la Tourelle, né à Nœux le 17 novembre 1705, — garde du Corps du roi en la Cie de Villeroy pendant 12 ans, — obtint une lieutenance des Invalides en 1740 ; — mort sans postérité à Méricourt le 12 févier 1773, ayant épousé le 13 décembre 1746, d^{lle} Thomasse *Le Vasseur* de Merville,

---

(1) BOURDIN. — *D'azur, à trois rencontres de cerf d'or.*

fille de Jean, prévôt général de la marine et des Galères du Port-Louis et de Lorient, ch^{er} de l'Ordre royal et militaire de Saint-Louis.

4° *Gabriel-François*, écuyer, s^r de Machicourt, né en janvier 1712, garde du Corps du roi, ch^{er} de Saint-Louis, devint capitaine des Invalides ; — a testé le 12 mars 1783, faisant son légataire universel Charles de Cacheleu, s^r de Coulonvillers, son neveu ; — il est mort sans postérité, à Hesdin, le 5 janvier 1784, ayant épousé en 1759 d^{lle} Marie-Françoise *Arthus* (1), veuve en 1res noces de noble homme André Duval, ancien gendarme, et en 2es noces, de noble homme Jacques Aliamet, seigneur de Condé-Folie, — elle est morte au mois d'avril 1761, et fut inhumée à Condé-Folie.

5° *Jean-Baptiste*, écuyer, s^r de Mailly, garde du Corps du roi, mort sans alliance à Versailles, en 1753.

6° *Louis-François*, écuyer, a servi 5 ans en qualité de cornette dans les chevau-légers.

7° *Joseph-François*, écuyer, a servi 5 ans comme lieutenant au rég^t de Clarre.

8° *Charles*, écuyer, a été lieutenant au rég^t de Noailles, cavalerie, et est mort au siége de Prague, en 1742.

9° *Maximilien*, s^r de Méricourt, qui a formé une branche rapportée page 24.

10° *Marie-Clotilde*, morte le 26 février, 1785, ayant été mariée à François *Patté*, propriétaire à Bois-Bergues, près de Doullens, dont suite.

11° *Marie-Angélique*, dite Mlle de Mailly, morte sans alliance. En 1746 elle demeurait à Fortel en Artois.

12° *Marie-Toussaine*, d^{lle} des Allenays, mariée : 1° par contrat du 24 mai 1748, d^t Me Benoit Lefèbvre, n^{re} à Auxy-le-Château, à François *de Matiffas* (2), écuyer, s^r de Montu, lieutenant au rég^t de Clermont-Prince, cavalerie, veuf de d^{lle} Elisabeth Boisel, et fils de Nicolas, et de d^{lle} Marie d'Ailly, dame de Montplaisir. — 2° à Me Antoine *Vergnies*, maître ès-chirurgie, à Auxy-le-Château. — Sans postérité de ces deux mariages.

---

(1) *Arthus* ou *Artus* ; elle était fille d'un négociant d'Amiens.

(2) MATIFFAS. — *D'azur, à une bande d'or, accompagnée de trois trèfles de même.*

13º *Marie-Catherine*, dite Mlle de Poupincourt, morte à Nœux le 30 août 1780, sans alliance.

14º à 26º — 13 autres enfants morts jeunes ou dont le sort est inconnu.

IX. — *Joseph*, aliàs *François-Joseph de* CACHELEU, chevalier, seigneur de Mézerolles, baron de Nœux, perdit en 1738, après un long procès, la terre et seigneurie de Mézerolles (1), qui fut adjugée au Cte d'Egmont.

Il épousa par contrat du 25 janvier 1736, d^t Me François Bouquet, notaire à Frévent, d^lle Marie-Jeanne *Danzel* (2), dame de Faveilles, fille de François Danzel de Lignières, écuyer, s^r dudit lieu, et de d^lle Jeanne-Ursule Boullon. Elle mourut à Abbeville, paroisse Saint-Nicolas, le 14 janvier 1754, et fut inhumée à Nœux.

De ce mariage sont venus :

1º *Joseph-François*, qui suit.

2º *Charles*, seigneur de Coulonvillers, qui a formé un rameau rapporté page 24.

X. — *Joseph-François de* CACHELEU, chevalier, baron de Nœux, seigneur de Faveilles. — Né en 1736 ; — garde du corps du roi dans la Cie écossaise, y devint brigadier, fut gentilhomme de la manche de roi, chevalier de Saint-Louis. Il vendit la terre de Faveilles, le 4 novembre 1767, à Jacques-Alexandre-Antoine-François de Courteville, Cte d'Hocdicq, maréchal de camp. Il mourut à Nœux, le 17 mai 1807.

Marié le 13 janvier 1773 à d^lle Marie-Louise-Françoise-Guislaine *de la Porte* (3), fille de Jacques-François-Lamoral de la Porte, ch^er, seig^r de Vaux, Martelloy et Brouilly, ancien capi-

---

(1) Arrêt du Parlement de Paris du 14 juin 1738.

(2) DANZEL. — *D'azur, à un daim ailé d'or, contrepassant.*

(3) DE LA PORTE. — *D'or, à une bande d'azur.*

taine au régiment de Touraine, ch^{er} de Saint-Louis, et de
d^{lle} Marie-Claude-Louise-Thérèse de la Porte, dame de Vaux,
sa nièce et son épouse. — Elle est morte à Nœux le 1er janvier 1800.

D'eux sont venues :

> 1° *Marie-Guislaine-Charlotte*, qui suit.
> 2° *Guislaine-Pélagie*, née en 1775, mariée à François-Hugues-
> Jules *Perrot*, ch^{er}, comte *de Fercourt*, seigneur de Frohen-le-
> Grand, né le 15 août 1776. Ils eurent deux filles :
> L'une épousa M. du Passage, l'autre mourut sans alliance.

XI. — *Marie-Charlotte-Josèphe-Guislaine de* Cacheleu, baronne
de Nœux ; — née le 14 octobre 1773, mariée le 24 octobre
1801 à Alphonse *Louvel de Fresne* (1), ancien officier d'infanterie au rég^t de Conti, fils né en 1773, à Montreuil-sur-Mer,
d'Antoine-Augustin, écuyer, s^r de Fresne, et de d^{lle} Marie-
Andrée *de la Fitte*.

Alphonse *Louvel*, de Fresne, fut autorisé par ordonnance
royale du 30 août 1820 à quitter son nom de famille et à porter
à l'avenir, ainsi que ses descendants, celui de Cacheleu ; il
eut de son mariage un fils qui suit :

XII. — *Hippolyte-Guislain de* Cacheleu, né à Ecuire, près
de Montreuil, le 3 mars 1803, marié le 26 septembre 1832, à
d^{lle} Gabrielle *de Gosselin*, fille du baron du Caule, dont est
venue une fille qui suit :

XIII. — *Caroline de* Cacheleu, mariée, le 4 mai 1852, à Hugues
de Tinseau, aujourd'hui colonel de cavalerie en retraite, dont
elle a plusieurs enfants.

---

(1) De Louvel. — *D'or, à trois hures de sanglier de sable.*

CINQUIÈME BRANCHE,

Issue de la quatrième.

SIEURS DE COULONVILLERS.

X. — *Charles de* CACHELEU, chevalier, second fils de François-Joseph, seigneur de Mézerolles et de Nœux, et de Marie-
Jeanne Danzel, fut sieur de Coulonvillers ; il a commencé à
servir dans le bataillon de milices d'Abbeville, entra en 1758
au régiment de Flandre, infanterie, et devint capitaine commandant; fut chevalier de Saint-Louis et major de la ville d'Hesdin.
Le sr de Machicourt, son oncle paternel, le fit son légataire
universel en 1753. — Il épousa le 19 septembre 1783 dlle Ca-
therine-Claire *de Rocquigny de Sainte-Claire*, (1) dont il eut un
fils, qui suit.

XI. — *Alexandre-Charles-Joseph de* CACHELEU, chevalier,
né au Château des Auteux, près de Doullens, le 13 octobre
1784 ; mort en Russie, sans postérité.

SIXIÈME BRANCHE,

Issue de la quatrième.

SEIGNEURS DE MÉRICOURT ET DE BOUILLANCOURT.

IX. — *Maximilien de* CACHELEU, chevalier, 9e fils de Joseph,
seigr de Mézerolles, naquit le 10 avril 1723 ; fut seigneur en

---

(1) DE ROCQUIGNY. — *D'argent, à trois rocs d'échiquier de sable.*

partie de Méricourt, et puis aussi de Bouillancourt-sur-Miannay, après la mort de son fils aîné. Il entra au service au mois de mars 1740 dans le bataillon de milices d'Artois, avec lequel il fit la campagne de Bohême en 1741, et aussi celles de 1742 et 1743. Garde du corps du roi en 1760, il fut nommé gentilhomme de la manche du roi, par provisions du 18 mars 1768, et enfin brigadier avec rang de lieutenant-colonel, par brevet du 23 mars 1771. Il fut chevalier de Saint-Louis et est mort au château de Bouillancourt le 5 mai 1807 (1).

Il demeurait à Villers-sur-Authie lorsqu'il épousa à Méricourt-en-Vimeu, par contrat du 5 février 1755, d^t Me Turbet, notaire à Amiens, d^{lle} Marie-Elisabeth-Ursule *des Forges* (2), veuve de Joseph Bernard, écuyer, s^r d'Angerville, et fille de feu Maximilien-Gabriel des Forges, écuyer, s^r de Caulières, ch^{er} de Saint-Louis, et de d^{lle} Marie-Elisabeth Picquet, dame de Méricourt. De ce mariage sont venus :

1° *Maximilien*, chevalier, né le 13 mai 1756, admis comme élève à l'école royale militaire le 23 septembre 1766, sous-lieutenant au régiment Royal-Infanterie, le 28 octobre 1774; passé le 4 juin 1775 dans le régiment de Brie, dédoublement de Royal; reçu par brevet du 27 mars 1775 chevalier des Ordres royaux, militaires et hospitaliers de Saint-Lazare, de Jérusalem et de N.-D. du Mont-Carmel; lieutenant en second le 8 avril 1779; lieutenant en premier le 25 juin 1783; capitaine en second par commission du 31 janvier 1786. D^{lle} Marie-Françoise-Agathe de Cacheleu lui avait fait donation entre vifs de la terre et seigneurie de Bouillancourt, mais il mourut avant elle, le 29 novembre 1788, à Thionville.

2° *Amand-Flore*, qui suit.

3° *Alexandre-Gabriel*, né le 25 janvier 1759; admis au Collége royal de La Flèche, puis à l'école militaire; cadet gentilhomme

---

(1) Il fut mis en état d'arrestation comme ci-devant noble, le 23 pluviôse, an II, et détenu à Abbeville.

(2) DES FORGES. — *De gueules, à sept colices d'argent.*

au rég' de Brie-infanterie, le 6 juin 1776. A été tonsuré par Mgr de Machault, évêque d'Amiens, le 14 mars 1778, et reçu chevalier de Malte le 5 septembre 1785. Il est mort subitement en revenant d'Abbeville à Miannay, le 12 décembre 1816.

4° *Marie-Jeanne-Françoise-Gabrielle*, dame de Méricourt, née le 12 juin 1761; mariée en 1793 à Louis-François *de Belloy* (1), chevalier, seigneur de Buires-au-Bois et de Vaudricourt, veuf de d^lle Marie de Carpentin de Gapennes, et fils de Louis-François *de Belloy*, de Leully. De ce mariage est venue une fille.

X. — *Amand-Flore de* CACHELEU, chevalier, seigneur de Bouillancourt, né à Abbeville, le 13 avril 1757, admis à l'école militaire le 24 avril 1768; sous-lieutenant à la suite du rég' de Flandre, le 31 juillet 1775; en pied le 25 août suivant; passé la même année dans le rég' de Cambraisis, dédoublement de Flandre, où il devint chef de bataillon par brevet du 12 août 1793 (2); il fut nommé chevalier de Saint-Louis en 1786 et fut reçu le 12 mai, à Montauban, par le Bon de Montesquieu, colonel dudit régiment. Le 12 pluviôse an VI il eut sa pension réglée, pour 23 ans, 1 mois 10 jours de services, et 11 campagnes (3), ayant fini le service comme lieutenant-colonel dans la 40e demi-brigade.

Marié par contrat du 19 septembre 1794, d^t Me Dupont, notaire à Saint-Valery-sur-Somme, à d^lle Marie-Scholastique *de Rambures* (4), fille de Joseph, ch^er, seig^r de Vaudricourt et de

---

(1) DE BELLOY. — *D'argent, à trois fasces de gueules.*

(2) Avec rang du 4 février 1793.

(3) Embarqué à Nantes pour l'Amérique, le 20 novembre 1775; débarqué à Brest, le 22 juillet 1783; a fait la campagne de Savannah en 1779, celle des Alpes et Piémont en 1792, et celles d'Hendaye et Saint-Jean-Pied-de-Port en 1793.

(4) DE RAMBURES-POIREAUVILLE. — Portent maintenant : *D'or, à trois fasces de gueules.*

Poireauville, et de d^{lle} Marie-Catherine Colliveaux du Monceaux, dont il eut :

1° *Charles-Amand-Jules*, qui suit.

2° *Charlotte-Mélanie*, née à Poireauville, paroisse de Saint-Blimond, le 14 avril 1796, mariée à Marie-Charles-Evariste *Ternisien de Fresnoy* (1), fils unique de Henri-Grégoire Ternisien, ch^{er}, seigneur de Fresnoy, Andainville, Arguel en partie, Rumets, Caillemettes en Calaisis et autres lieux, et de d^{lle} Marie-Madeleine Louvel, fille du seigneur de la Cour d'Aunenil, et de d^{lle} d'Ault du Mesnil.

XI. — *Charles-Amand-Jules de* CACHELEU, chevalier, propriétaire de la terre et du château de Bouillancourt-sur-Miannay, né à Poireauville le 11 juillet 1799, marié le 17 juin 1834, à Arry, à d^{lle} Laure-Eléonore-Alexandrine-Marie *de Courteville d'Hodicq* (2), fille de Charles-François-Alexandre de Courteville, comte d'Hodicq, et de Laure-Eléonore de Romberg, fille du général de Romberg.

Ils ont trois enfants :

1° *Gonzalve-Jules-Charles-Adalbert-Adhémard*, qui suit.

2° *Gustave-Adhémard-Jules*, ancien zouave pontifical et capitaine de la mobile de la Somme (Cie du canton d'Ault), a fait la campagne de 1870-1871 (siège de Paris). Né au château de Bouillancourt, le 21 novembre 1843, il a épousé le 23 janvier 1868, à Amiens, d^{lle} Suzanne-Louise-Marie *Guénard*. Ils ont eu une fille, *Marie-Laure-Charlotte*, née au château d'Ysangremer, le 5 novembre 1868, décédée le 7.

3° *Marie-Louise-Amicie*, née le 17 mars 1842.

XII. — *Gonzalve - Jules - Charles - Adalbert - Adhémard de* CACHELEU, chevalier, né le 9 juillet 1839, au château de Bouillancourt, marié le 28 juin 1875 à d^{lle} Coralie *Godde de Montières*, de Caumont, (p^{sse} d'Huchenneville).

---

(1) TERNISIEN. — *D'argent, à trois fleurs de lys au pied coupé de gueules, accompagnées de trois étoiles mal ordonnées de même.*

(2) DE COURTEVILLE D'HODICQ. — *D'or, à une croix ancrée de gueules.*

SEPTIÈME BRANCHE.

Issue de la première.

SEIGNEURS DU TITRE, COMTES DE VAUCHELLES.

IV. — *Nicolas de* CACHELEU, écuyer, 2e fils de Claude et de d^{lle} Antoinette Le Saige, dame de Vauchelles et du Titre, sa seconde femme, fut seigneur du Titre, de Cramont-en-Bois et de Coulonvillers en partie ; fut maintenu dans sa noblesse par ordonnance de M. Colbert de Croissy, intendant à Amiens, du 9 novembre 1667, ainsi que Jean de Cacheleu, sieur du Vauchelles, et Louis de Cacheleu, sieur de Bussuel, ses frères. Il devint seigneur de Vauchelles après la mort de Jean, son frère aîné. Il a fait avec sa femme un testament mutuel le 3 avril 1670, d^t Me Louis d'Acheu, notaire à Abbeville ; cet acte fut décrété le 26 novembre 1675 ; il était mort au Titre le 4 du même mois.

Marié par contrat du 23 juillet 1645, d^t Me Jean Pappin, notaire à Abbeville, à d^{lle} Adrienne *Le Fébure* (1), fille de noble homme Jacques Le Fébure, sieur des Amourettes, contrôleur au grenier à sel d'Abbeville, ancien mayeur de cette ville, et de d^{lle} Marie Crignon de Courcelles ; devenue veuve, elle fit une donation à son fils aîné le 2 novembre 1686, d^t Me Charles Pappin, notaire ; elle a testé le 6 novembre 1691, d^t Me Louis d'Acheu, notaire, et mourut le 18 février 1696.

(1) LE FÉBURE. — *D'argent, à un chevron d'azur, accompagné de trois gousses de fèves de sinople.* Les s^{rs} de Cérisy et du Bus sont descendus dudit Jacques, s^r des Amourettes.

D'eux sont venus :

1° *Jean*, chevalier, seigneur de Vauchelles ; sa mère lui fit une donation en 1686 ; il mourut sans enfants. — Marié par contrat du 13 avril 1693, d' M° Louis Polhai, notaire à Abbeville, à d^lle Marie-Marguerite *Briet* (1), fille de Charles, écuyer, seigneur d'Alliel, et de d^lle Marie Le Blond de l'Estoille ; étant veuve, elle devint l'héritière de sa famille, dame d'Alliel et de Doncquerel, baronne de l'Estoille, et épousa en secondes noces le comte Jean-Alexandre *Gouffier*, chevalier, seigneur de Bouillancourt, près de Montdidier ; elle est morte le 15 avril 1743.

2° *Jean-Nicolas*, qui suit.

3° *Claude-Adrien*, seig^r du Titre, né audit lieu le 3 septembre 1651, eut pour parrain Jacques Le Fébure et pour marraine Antoinette Le Säige ; il est mort au Titre, le 2 avril 1685, étant alors lieutenant au régiment de Picardie.

4° *Charles*, seigneur du Titre, qui a formé une branche rapportée page 36.

5° *Eloy-Jacques*, né le 9 juillet 1656 ; eut pour parrain Eloi Le Scellier, seig^r de Frireules, conseiller du roi, avocat en l'élection de Ponthieu, et marraine, d^lle Marie Crignon, femme de Jacques Le Fébure, écuyer, seig^r de Malotelle, conseiller du Roi, contrôleur au magasin et grenier à sel d'Abbeville et ancien mayeur de cette ville.

6° *Claude*, né le 24 février 1660, en la paroisse Saint-Jacques, eut pour parrain Claude de Cacheleu de Thoras, et marraine d^lle Françoise Crignon. Il fut lieutenant au régiment de Picardie et mourut au Titre en 1675.

7° *François*, né au Titre le 11 août 1663 ; parrain le baron de Vismes, marraine d^lle Margueritte Le Fébure.

8° *Marie-Adrienne*, née à Abbeville, paroisse Saint-Jacques, le 20 mars 1658 ; parrain Nicolas de Cacheleu, marraine d^lle Marie Le Fébure ; — morte avant 1670.

---

(1) BRIET. — *D'argent, à un sautoir de sable, cantonné de 8 perroquets de sinople, becqués et membrés de gueules.*

9° *Antoinette*, née au Titre le 2 avril 1665, eut pour parrain Charles Le Fébure, et marraine, Antoinette de Belleval, dame de Nouvion ; a fait, le 1ᵉʳ juillet 1690. un testament qui fut déposé chez Mᵉ Despréaux, notaire à Oisemont, le 30 mai 1700. Mariée par contrat du 16 février 1686, dᵗ Mᵉ Charles Pappin, à François *de Belloy* (1), chevalier, seigneur de Buire, de Beauvoir, de Mons et du Cardonnoy, fils de François de Belloy et de dˡˡᵉ Catherine de Gouy ; d'eux sont venus, entre autres.

> a. *François*, chevalier, seigneur de Beauvoir, Cardonnoy en partie, Hocquincourt, Bellefontaine, vicomte de Gransart, Estalmenil et Bécourt, — marié, par contrat du 1ᵉʳ juin 1721, à dˡˡᵉ Marguerite-Hélène *du Maisniel*, fille de Pierre, seigneur de la Tricquerie, et de dˡˡᵉ Marguerite Pingré. Ils n'ont point eu de postérité.

> b. — *François-Léonor*, seigneur de Mons. marié par contrat du 8 avril 1755, à dˡˡᵉ Marie *de Carpentin*, dont suite.

> c. — *Charlotte-Françoise*, née le 30 décembre 1688, mariée à Georges-François *de May*, chevalier seigneur de Vieulaines, Wailly, Seigneurville, Bonnelle et autres lieux, dont suite.

VII. *Jean-Nicolas de* Cacheleu, chevalier, seigneur de Vauchelles, Cramont-en-Bois, Coulonvillers et autres lieux ; né au Titre le 9 mars 1650, a testé le 22 septembre 1701, dᵗ Mᵉ Antoine du Candas, curé d'Epagnette ; il est mort au mois de janvier 1708 ; l'inventaire après son décès fut fait le 16 dudit mois par Mᵉ Charles Lefort, sʳ de Nouveaulieu, commissaire au bailliage d'Amiens.

Il avait épousé par contrat du 12 juin 1696, dᵗ Mᵉ Lavernier, notaire à Abbeville, dˡˡᵉ Marie-Catherine *L'Yver* (2), dame

---

(1) Belloy. Armes : *d'argent, à trois fasces de gueules.* François de Belloy les écartelait de celles des *Montmorency*, à cause de sa grand mère.

(2) L'Yver ou Yver. — *D'argent, à trois roses de gueules.*

d'Infray, fille de Jean, chevalier, seigneur chatelain, vicomte de Bouillancourt-en-Séry, et de d^{lle} Elisabeth L'Yver, dame d'Infray ; elle a testé le 22 septembre 1701, et l'inventaire après son décès fait d^t Me Claude Maisnel, notaire à Saint-Ricquier, est du 29 octobre 1701 ; elle fut enterrée ainsi que son mari dans le chœur de l'église de Vauchelles.

D'eux sont venus :

1° *Louis-Nicolas*, qui suit.

2° *Charlotte-Catherine*, née en 1700, morte en couches le 27 novembre 1724 ; — mariée par contrat du 15 mars 1724, d^t Me Quentin, notaire à Abbeville, à Charles-Louis *Rumet* (1), ch^{er}, seigneur de Beaucoroy, Nolette, Becquefert, ch^{er} de Saint-Louis, fils de Louis-Hippolyte, et de d^{lle} Marie-Louise Le Moisne ; il se remaria en 1726, à d^{lle} Césarine-Yolande de Nielle, et mourut à Nolette le 18 septembre 1779 ; de son premier mariage il eut une fille Anne-Charlotte, qui épousa, par contrat du 30 janvier 1762, Jean Danzel, ch^{er}, vicomte de Boismont, sans postérité.

VIII. — *Louis-Nicolas de* CACHELEU, chevalier, seigneur comte de Vauchelles, baron de Saint-Omer (2), seigneur de Villepoix, de la Rue-du-Bois, des Mazis, Gridenneville, Infray, Hamicourt, Warré, Cramont-en-Bois et Coulonvillers en partie, né le 7 septembre 1701, mort au château de Vauchelles le 10 septembre 1773 ; il fut enterré dans le chœur de l'église ; où on voyait encore son épitaphe il y a quelques années. Il soutint un grand procès contre le Chapitre de Saint-Vulfran d'Abbeville au sujet de la seigneurie de Vauchelles ; un arrêt du parlement en date du 14 avril 1764 le maintint et garda dans le droit et possession de se dire et qualifier seul seigneur

(1) RUMET. — *De sable, à trois molettes d'éperon à cinq raies d'argent.*

(2) Saint-Omer-en-Chaussée, Villepoix, la Rue-du-Bois et les Mazis sont près d'Achy.

de Vauchelles, dans le droit de haute, moyenne et basse justice de la paroisse dudit Vauchelles, et notamment du lieu où l'église est située, de jouir seul de tous les droits honorifiques dans l'église, et fait défense audit Chapitre de Saint-Vulfran de prendre ladite qualité de seigneur de Vauchelles, mais seulement de prendre la qualité de seigneur d'un fief situé audit lieu.

Il épousa par contrat du 17 juillet 1734, d^t Me Raimond, notaire à Paris, d^{lle} Charlotte-Marguerite *de Carvoisin* (1), dame de Villepoix et la Rue-du-Bois, née en 1708, fille de Nicolas, marquis d'Achy, et de d^{lle} Marie-Madelaine de Cacheleu de Bussuel ; elle est morte en 1800.

De ce mariage sont venus :

1° *Louis-Auguste*, mort âgé de 8 jours en 1736.

2° *Adélaïde-Charlotte-Marie-Madelaine-Françoise*, dame de Vauchelles et d'Infray, née le 7 juin 1735, morte sans enfants en 1799. — Mariée par contrat du 15 mai 1767, d^e Me Marchand, notaire au Chatelet de Paris, à Joseph-Louis, marquis de *Montenay* (2), ch^{er}, seig^r patron de Fourges, Bois-Racque, La Rivière et Clère, né en 1702, fils de Charles-Louis et de d^{lle} Madeleine de Refuge. Il est mort le 16 mars 1782.

3° *Marie-Jérosme*, née à Vauchelles le 18 novembre 1737 ; eut pour parrain et marraine Messire Jérosme Louvel, ch^{er}, seig^r de Glisy, ch^{er} de Saint-Jean de Jérusalem, et haute et puissante dame Marie-Madelaine de la Grange Trianon, marquise d'Auxy.

4° *Françoise-Marguerite-Josèphe*, qui suit.

IX. — *Françoise-Marguerite-Josèphe de* CACHELEU, dame de Vauchelles, Infray, Vieulaines et autres lieux, née à Vauchelles

---

(1) CARVOISIN. — *D'or, à une bande de gueules et un chef d'azur.*

(2) DE MONTENAY. — *D'or, à deux fasces d'azur, accompagnées de 9 coquilles de gueules, 4, 2, et 3.*

le 5 juin 1742, eut pour parrain et marraine : Messire Joseph-François de Cacheleu, ch^{er}, seig^r de Nœux, et d^{lle} Françoise de Belleville de Tolleville. Elle est morte veuve à Vieulaines le 7 août 1806.

Mariée par contrat du 15 janvier 1769, d^t Me Vignon, notaire à Abbeville, à Messire François-Joseph, comte *Le Clerc* (1),

---

(1) LE CLERC DE BUSSY. — *D'argent, à une bande de sable, accompagnée en chef d'une aigle, et en pointe d'une molette d'éperon de même.*

Audit contrat de mariage du 15 janvier 1769, le futur était assisté de Joseph-François *Wignier*, seigneur d'Avesne, avocat au parlement, conseiller du roi et son procureur en la maréchaussée de Picardie à la résidence d'Abbeville, au nom et comme ayant pouvoir de : 1° François *de Buigny*, chevalier, seigneur de Cornehotte, Brailly Merlier, Bellefontaine et autres lieux, cousin du comte de Bussy, du 2° au 3° degré; 2° de Madame Anne-Charlotte *de Fontaines*, dame et patronne d'Oneux et Neuville, épouse dudit seig^r de Cornehotte; 3° de d^{lle} Marie-Charlotte-Alexandrine *de Buigny*, leur fille; 4° de Louis-Edouard *de Calonne*, ch^{er}, seig^r d'Avesnes; 5° de dame Françoise-Renée *de Bommy*, son épouse, cousine; — et la future était assistée de son père et de sa mère, — de Charles-Louis, comte *de Carvoisin*, maréchal des Camps et armées du Roi, son cousin; et dudit s^r Wignier, aux noms et comme ayant pouvoir : 1° du marquis, et 2° de la marquise *de Montenay*, demeurant à Vernon, ladite dame marquise de Montenay, sœur de la d^{lle} de Cacheleu; 3° de Marie-Michelle *de Séricourt* d'Esclainvilliers, épouse de monseigneur Augustin, comte *de Mailly*, marquis d'Haucourt, lieutenant-général des armées du Roi, inspecteur général de la cavalerie et des dragons, gouverneur d'Abbeville, lieut^t g^{al} du Roussillon, du Conflent et de la Cerdagne, commandant les trois provinces, parente de ladite d^{lle} de Cacheleu; 4° Jacques-François *de Carvoisin*, ch^{er}, marquis d'Achy, seig^r de la pairie de Nouvion, Achy et autres lieux, ch^{er} de Saint-Louis, ancien officier de gendarmerie, cousin germain maternel; 5° de Marie-Catherine-Jeanne *Jubert de Bouville*, marquise d'Achy, son épouse; 6° Jean-Joseph *de Vincens de Mauléon d'Arlaud de Brunelis*, ch^{er}, marquis de Causans, comte

3

ch^{er}, seigneur de Bussy-lès-Poix, Montenoy, Dreuil, La Ver-
rière, Molliens-Vidame en partie et autres lieux, chevalier de
Saint-Louis, ancien capitaine d'infanterie au rég^t Royal, fils de
Messire François-Joseph, et de d^{lle} Marie-Madelaine de Saint-
Blimont de Souplicourt. Il est mort le 12 décembre 1778
ayant eu trois enfants de son mariage :

1° *François-Joseph Le Clerc*, comte de Bussy, né le 20 février 1770, à Bussy, mort colonel en retraite à Nogent-le-Rotrou,
le 30 mars 1846. Il avait épousé une d^{lle} d'*Ourches*, (1) dont il
n'eut pas d'enfant. Elle est morte en 1857.

2° *François-Joseph Le Clerc de Bussy*, comte de Vauchelles,
né à Abbeville, p^{sse} Saint-Gilles le 3 juin 1772, eut pour parrain et

---

d'Ampurie, seigneur de Glisy et autres lieux, lieutenant pour le roi en
Provence, colonel du régiment de la Marche, ch^{er} de Saint-Louis ; 7° de
Marie-Françoise-Madeleine *de Louvel de Glisy*, son épouse, cousine
germaine maternelle ; 8° du comte *de Causans*, leur fils, sous-lieutenant
audit rég^t de la Marche ; et 8° enfin de d^{lle} Antoinette *de Cacheleu*,
d^{lle} de Biville, cousine. — Le s^r Wignier, stipulant enfin aussi, tant en
son nom que comme ayant pouvoir verbal de Victor-Conrad *de
Cacheleu*, comte d'Houdan, ch^{er}, Cte et pair de Villers, lieut^t des maréchaux de France en Picardie, cousin, et de madame Isabelle, baronne
de Jacquier-Rosay, son épouse ; — assistaient aussi Marie-Anne-
Françoise *Lefèbvre*, épouse dudit s^r Wignier, et de d^{lle} Marie-Thérèse-
Sophie *Wignier*, leur fille.

Le mariage fut célébré le 16 janvier, en la chapelle du château
d'Etrejust, dont était seigneur le maréchal de camp, comte de Carvoisin.

La famille des s^{rs} de Bussy tire son origine de Mathieu Le Clerc,
père de Gilles, écuyer, seigneur de Nampty, Coppegueule, Rigauville
et Bussy-lès-Poix, ce dernier vivant en 1380 et encore en 1424. Mathieu
avait aussi une fille, Jeanne Le Clerc, à laquelle il donna le fief qu'il
possédait à Hénencourt ; elle épousa Jean de Cossette, écuyer, s^r de
Henneville, et d'eux sont venus tous les Cossette.

(1) D'OURCHES. — *D'argent, à un lion de sable, armé, couronné et
lampassé d'or.*

marraine, le comte de Vauchelles son grand-père maternel et dame Suzanne-Charlotte de Carette, épouse de messire Louis-Nicolas, baron de Larchier, seigneur de Courcelles et autres lieux. — Il fut officier d'infanterie ; — longtemps maire de Vauchelles sous la Restauration, il est mort à Paris, 4ᵉ arrondissement, le 24 décembre 1834.

Marié à Thièvres, le 9 février 1798, a dᵘᵉ Marie-Ursule-Adélaïde *Houdouart de Thièvres* (1), fille de feu André-Louis-François-Nicolas, chᵉʳ de Saint-Louis, ancien capitaine d'infanterie, lieutenant des maréchaux de France, et de dᵘᵉ Louise-Françoise-Adélaïde Bonnel de Dominois ; elle est morte au château de Vauchelles le 29 novembre 1827. Ils ont formé la branche aînée, dont le chef de nom et d'armes, est aujourd'hui le comte Charles-Joseph-Eugène Le Clerc de Bussy de Vauchelles, ancien officier d'infanterie, membre de plusieurs sociétés savantes.

3° *François-Joseph Le Clerc de Bussy*, né le 3 mars 1774, et baptisé le 7, à Vauchelles, chevalier de minorité et non profès de l'Ordre hospitalier et militaire de Saint-Jean de Jérusalem, dit de Malte ; eut en partage la terre de Bussy et mourut à Amiens. Il épousa 1° en 1808 dᵘᵉ Marie-Flore-Flavie *des Essars* (2) ; et 2° dᵘᵉ Marie-Anne-Barbe-Lambertine *Magon de la Giclais* (3). Dont suite des deux lits.

---

(1) HOUDOUART DE THIÈVRES. — *D'azur, à deux fasces vivrées d'or, accompagnées de cinq besants de même posées en sautoir. 2, 1 et 2.*

(2) DES ESSARS. — *De gueules, à trois croissants d'or.*

(3) MAGON DE LA GICLAIS. — *D'azur, à un chevron d'or, accompagné en chef de deux étoiles et en pointe d'un lion aussi d'or, couronné d'argent.*

HUITIÈME BRANCHE.

Issue de la septième.

SEIGNEURS DU TITRE.

VII. — *Charles de* CACHELEU, écuyer, né au Titre le 22 février 1654 et baptisé le 11 avril suivant, 4e fils de Nicolas et de dlle Adrienne Le Fébure des Amourettes, fut seigneur du Titre, capitaine d'infanterie, et maintenu dans sa noblesse en 1700;

Marié par contrat du 19 mai 1695, dt Me Firmin Roger, notaire à Amiens, à dlle Anne *de Gomer* (1), fille de Gabriel, chvr, seigneur de Quevauvillers, du Quesnel, Henneville et autres lieux, et de dlle Elisabeth du Plessier; elle mourut au Titre vers 1742.

De ce mariage sont venus entr'autres :

1° *François*, qui suit.

2° N***, — fut capitaine d'infanterie et servit en Italie; il est mort sans alliance vers 1735.

VIII. — *François de* CACHELEU, chevalier, seigneur du Titre, né vers 1699, fut capitaine d'infanterie et servit en Italie; on rapporte qu'il quitta son régiment pour une affaire qui lui faisait honneur, sans autrement la spécifier, et qu'alors, vers 1742, il reçut le commandement d'une compagnie des milices de Picardie. Il est mort au Titre, sans alliance, et

---

(1) DE GOMER. — *D'or, à un lambel d'azur, accompagné de 7 merlettes de gueules, 4 en chef et 3 en fasce.*

la dame Tillette de Bichecourt, née de May de Vieulaines, hérita du chef de sa mère née de Belloy, la terre et seigneurie du Titre et plusieurs fiefs y séant, qu'elle vendit au comte de Saint-Martin.

Il laissa une fille naturelle, *Marie-Anne de Cacheleu,* qui épousa François-Emmanuel *Capet,* dont suite.

NEUVIÈME BRANCHE,

Issue de la première.

SEIGNEURS DE BUSSUEL ET DE BAROMESNIL.

IV. — *Louis de* CACHELEU, écuyer, 3ᵉ fils de Claude, et de dᵉˡˡᵉ Antoinette Le Saige, sa seconde femme, fut seigneur de Bussuel, de Monflières et de Bussu, et vicomte du Maisnil ; — il retira par retrait lignager sur Philippe du Gardin, sᵣ de Longpré, les différents fiefs composant la portion de seigneurie que Nicolas de Cacheleu, seigᵣ de Bussu et de Bouillancourt, son neveu, avait vendue en 1682. Il mourut peu avant le 23 janvier 1686, date à laquelle Mᵉ Charles de Lespine, notaire, délivra une copie collationnnée de ses testaments et codiciles déposés entre ses mains.

Il épousa 1º par contrat du 9 février 1658, devant Mᵉ Charles Lefèbvre, notaire à Abbeville, dᵉˡˡᵉ Françoise *Noel* (1), fille de

---

(1) NOEL. — *D'azur, à trois pieds d'aigle d'or ; aliàs, d'azur, à trois pattes de griffon d'or, les deux du chef affrontées, et un croissant d'argent en chef.*

feu Nicolas, écuyer, seig^r d'Hainneville, conseiller au présidial d'Abbeville, et de d^{lle} Françoise Bourée de la Mairie ; elle est morte paroisse Saint-Gilles le 6 décembre 1662. — 2° par contrat du 8 mars 1667, d^t Mes François Lefèbvre et Frameri, not^{res} à Abbeville, d^{lle} Jeanne *de Bommy* (1), dame de Vaux, fille de François, ch^{er}, seig^r de Fontaine, et de d^{lle} Mahaud du Chastelet de Moyencourt.

Du premier lit sont venus trois filles mortes en bas âge, et un fils mort sans alliance en 1682; et du second lit :

    1° *Charles-François*, qui suit.

    2° *Marie-Madelaine*, mariée : 1° par contrat du 4 mai 1692, d^t M° Benigme Madelaine, notaire à Amiens, à François *Louvel*, ch^{er}, seig^r de Glisy et de Marseille, mestre de camp d'un régiment de cavalerie, fils aîné de feu Jean, seig^r de Glisy, major de la ville d'Amiens, et de d^{lle} Charlotte de Festart; 2° par contrat du 28 septembre 1703, devant M° Lafeuillée Langlois, n^{re} à Marseille en Beauvoisis, à Nicolas *de Carvoisin* ch^{er}, marquis d'Achy, seigneur de Villepoix, Chocqueuse, Polhoi et d'autres lieux, fils de Pierre et de d^{lle} Charlotte-Marguerite de Parisis, laquelle était fille du seig^r d'Olsy et de Crisolles et de d^{lle} Marguerite d'Hervilli. Dont suite des deux lits (2).

    3° *Jeanne-Louise*, mariée, par contrat du 16 avril 1703, à Charles *de Carvoisin*, ch^{er}, seig d'Estrejust et de Crisolles, capi-

---

(1) DE BOMMY. — *D'azur, à une rose d'or, cantonnée de quatre besants de même.*

(2) Du premier lit sont venus : 1° *François Louvel*, qui suit. — 2° *Charles-Louis*, chevalier de Malte. — 3° *Jérôme*, aussi chevalier de Malte.

François Louvel, marquis de Glisy, cornette au rég^t de son père en 1718, épousa d^{lle} Marie-Madeleine-Bonaventure *de Verny*, dame de Grandvilliers-au-Bois, près de Compiègne, dont il eut une fille unique d^{lle} *Marie-Françoise-Madeleine Louvel*, dame de Glisy, Marseille, Grandvillers-au-Bois et autres lieux, mariée au marquis de *Causans*, dont suite. (Voir la note de la page 33.)

taine dans le régiment de Berri, frère de Nicolas, ci-dessus, dont postérité.

VIII. — *Charles-François de* CACHELEU, chevalier, seigneur de Bussuel et de Monflières, vicomte du Maisnil, né p^{sse} Saint-Gilles le 8 juin 1671, et baptisé le 9 ; — cornette au rég^t de Glisy, en 1693, puis capitaine au régiment de Conflans, cavalerie, mourut le 8 février 1730.

Marié par contrat du 26 juin 1710, d^t Me Michault, notaire à Abbeville, à d^{lle} Marie-Catherine-Françoise *de Créquy* (1), dame de Baromesnil, fille de Jean-Jacques, ch^{er}, seig^r de Souverain-Moulin, et de d^{lle} Marie-Marthe de Manneville de Baromesnil ; elle mourut p^{sse} Saint-Jean d'Eu, le 4 juillet 1742, âgée de 57 ans.

D'eux sont venus :

1° *Jean-François*, qui suit.

2° *Charles-François*, ch^{er}, né à Abbeville, p^{sse} Saint-Gilles, le 31 janvier 1715, ch^{er} de l'Ordre hospitalier et m^{re} de Saint-Jean-de-Jérusalem, dit de Malte, commandeur d'Orléans en 1775; mort au Temple, à Paris, le 10 septembre 1787.

3° *Charles-François*, né p^{sse} Saint-Gilles, le 12 septembre 1717, prêtre, chanoine de la cathédrale de Beauvais, mort en 1777.

4° *Marguerite-Catherine-Henriette*, née p^{sse} Saint-Gilles le 13 février 1716, morte p^{sse} Saint-Jean de la ville d'Eu le 25 février 1755, inhumée à Monchy ; — mariée par contrat du 19 septembre 1736, à Joseph *d'Ippre* (2), ch^{er}, seig^r et patron de Monchy, Neuville, Saint-Sulpice, Gouvion, ch^{er} de Saint-Louis, sous-brig^r des chevau-légers de la garde, fils de François, seig^r d'Authieule, et de d^{lle} Françoise de Lannion de Saint-Denicourt, sa seconde femme ; il est mort à Monchy le 21 mai 1742. D'eux sont venus :

a.— *Jean Henri* d'Ippre, ch^{er}, seig^r et patron alternatif de Monchy, né le 18 janvier 1738; capitaine réformé à la suite

---

(1) DE CRÉQUY. — *D'or, à un créquier de gueules.*

(2) D'IPPRE. — *De gueules, à trois lions d'or, 2 et 1, et huit fleurs de lys de même, posées en orle.*

du régiment de Béarn ; guillotiné en 1794. Il avait épousé en 1764 d^lle Marie-Marthe Le Sohier d'Intraville, dame de Crocquoison, de Courtieux et autres lieux, veuve en 1res noces de Constantin-Louis-Joseph Bayard, ch^er vicomte de Charonville, et en 2es noces du comte de Fontaines de Woincourt. Elle est morte sans enfants.

b.— *Charles-Joseph* d'Ippre, ch^er, né le 18 mars 1740, élève à l'école militaire, chevalier de Saint-Lazare, officier au rég^t de Béarn, en 1764, puis au rég^t d'Agénois.

5° *Marie-Françoise-Charlotte*, d^lle de Monflières, morte sans alliance à Eu, en 1758.

6° *Marie-Antoinette*, d^lle de Biville, morte de la petite vérole, p^sse du Saint-Sépulcre à Abbeville, le 26 avril 1777, âgée de 57 ans,

7° *Marie-Catherine-Françoise*, d^lle de Vaux, morte sans alliance en 1765.

VIII. — *Jean-François de* CACHELEU, chevalier, seigneur de Baromesnil, Bussuel, Monflières et Vaux, né p^sse Saint-Gilles le 17 mars 1711, baptisé le 21, eut pour parrain et marraine Jean-François de Créquy, et d^lle Marie-Madelaine de Cacheleu, marquise d'Achy.

Marié à d^lle Marguerite-Charlotte-Constance *de la Poterie* (1), fille de Claude-Michel, ch^er, seigneur de Pommereux, et de d^lle Charlotte de Bois-Joly ; elle se remaria en 1752 à Gabriel de Gosselin du Causle, ch^er, seigneur de Martigny. Elle mourut subitement, âgée de 70 ans, à la ville d'Eu, p^sse Saint-Jacques, le 18 janvier 1787. De son premier mariage elle eut une fille qui suit.

IX. — Demoiselle *Marie-Catherine-Charlotte* de CACHELEU, dame de Baromesnil, née audit lieu, mariée à César Amédé *de Monsures* (2), chevalier, seigneur d'Elcourt et autres lieux, demeurant en sa terre de la Loge, en Normandie, mort en décembre 1794, laissant plusieurs enfants.

---

(1) DE LA POTERIE. — *D'argent, à un tau de sable.*

(2) DE MONSURES. — *De sable, à une croix d'argent, chargée de cinq fermaux de gueules.*

DIVERS

1309-1319. — *Aléaume Cacheleu*, écuyer, conseiller en la Cour de Ponthieu, homme lige dudit Comté.

1312. — *Jean Cacheleu*, dit Wiry, possède le fief *Adam le Blé*, à Bussu.

1337. — *Pierre* et *Willaume Cacheleu*, fieffés de la prévôté du Vimeu, sont convoqués pour la guerre.

1344. — *Pierre Cacheleu*, juge, commis par Jean du Cange, sénéchal du Ponthieu.

1346. — *Valery Cacheleu* est de ceux du Vimeu qui prouvent leur noblesse.

1346. — *Thomas Cacheleu*, écuyer, vend ses héritages situés aux environs de Bellencourt.

1357. — *Tassart Cacheleu*, fieffé en Ponthieu ; — 1362, il tient du Roi un fief de 64 journaux à Seigneurville.

1364. — *Wistache de Cacheleu* était présent avec plusieurs autres « hommes des plus renommés de Ponthieu, » dit le P. Ignace, lorsque messire Nicolas de Louvain, désigné par le roi d'Angleterre pour être sénéchal, fit lire son pouvoir au château de Ponthieu, à Abbeville.

1366. — *Jean Cacheleu* est un des procureurs de Jeanne d'Artois, comtesse de Dreux, héritière de St-Valery, pour l'acquisition qu'elle fait le 23 février 1366, de la terre de Cambron.

1370-1378. — *Colart Cacheleu* tient un fief de l'abbaye de St-Valery.

1370. — Le 29 avril, *Colart Cacheleu, demeurant à Villeroy*,

acquiert de Pierre Guignet, frère de feu Jean
Guignet, dudit lieu, 7 journaux de terre environ,
pour le prix de 7 livres.

1371. — Le 10 février, Robert Vamast, s^r d'Ouplières, vend
audit *Colart Cacheleu*, son fief sis à Villeroy,
(c'est le fief de Maisoncelles), moyennant 21 florins
francs et 2 gros de Flandre. Cette vente fut con-
firmée et approuvée le même jour par Adrien de
Rambures.

1372. — *Thomas Cacheleu*, écuyer, possède un fief près de
St-Riquier.

1377. — *Wistache Cacheleu*, seigneur d'un fief important tenu
du Roi, à Bellencourt. C'est le fief nommé La Lagne,
qui fut depuis aux Maupin, puis aux Sacquespée,
et enfin aux Douzenel de l'Epine ; il consistait en
100 journaux de terre en une pièce.

1384. — *Jean de Cacheleu* tient de l'abbaye de St-Valery un
fief situé en ladite ville et sa banlieue.

1385. — *Jean de Cacheleu*, demeurant à St-Valery, achète la
portion de la grosse dîme de Franleu, dite le *per-
sonnage laïque*, et il la revend en 1392, à Mathieu
de Linières, trésorier de France.

1400. — *Enguerrand Cacheleu*, mari de d^{lle} Jeanne du Bos-
quiel, demeurait alors à Feuquières-en-Vimeu.

1407. — *Nicolas Cacheleu*, demeurant à Abbeville, était très
riche et allié aux familles puissantes du pays, les
Clabault, les Malicorne, de Lessau, etc.

1449. — *Ricquart Cacheleu*, frère de Jean, qui forme le 1er degré de la généalogie, habitait avec lui à Abbeville.

1450. — *Jean Cacheleu* et Simonne Cordier, sa femme, fondent
un obit à St-Vulfran. — 1465, fieffé en Ponthieu.

1484. — Le 10 juillet, aveu servi au Roi pour la seigneurie

de Seigneurville, par Jean Cacheleu, écuyer, fils
d'autre Jean. (Voir Tassart Cacheleu, 1362, pour
la même seigneurie.)

1789. — Mme la comtesse de Vauchelles, s^resse de Villepoix et
du fief des Massis, figure dans la liste des membres de l'assemblée de la noblesse des Bailliages de
Beauvais et de Clermont, pour l'élection des dé-
putés aux Etats-Généraux de 1789. (Cat. des
Gentilsh. etc., pub. par MM. de la Roque et de
Barthélemy.)

On trouve plusieurs *Cacheleu* ayant du bien à Bellencourt
et aussi à la Queute, jusqu'à la fin du xvie siècle. Girard
Cacheleu, notamment, possédait à Bellencourt un fief noble
appelé depuis le fief Blangiel, du nom de la famille dans
laquelle il passa par suite du mariage de sa fille Claudine
avec Jean de Blangiel, en 1569.

M. Jules de Cacheleu, collaborateur, en 1830, du *Journal des
Villes et des Campagnes*, le devint, en 1834, de l'*Echo de la
Jeune France*, où parurent de lui plusieurs articles qui furent
remarqués, notamment celui intitulé : *Les Plaies Sociales*, qui
lui valut une médaille et des comptes-rendus très honorables.
Il écrit depuis et écrit encore dans plusieurs journaux, où il
s'attache surtout à combattre les doctrines révolutionnaires.

Il a publié entr'autres les ouvrages suivants :

Aperçu sur l'Organisation des Sociétés. — 1840.

L'Eglise, Napoléon III et l'Europe. — 1861.

Solution du Problème vital des Sociétés. — 1869.

Légitimité et Croyance. — 1874.

Tout récemment enfin, un Recueil d'*Etudes politiques, histo-
riques et religieuses*, suivies de *Variétés scientifiques*.

Tous les écrits de M. de Cacheleu sont empreints d'un grand
patriotisme et d'une foi profonde.

Les 16 quartiers d'Alexandre-Gabriel de CACHELEU, chevalier de Malte, *(p. 25.)*

JACQUES de CACHELEU 4 novembre 1625.	FRANÇOISE de MAILLEFEU	NICOLAS de TILLOLOY	MICHELLE GIGAULT	CLAUDE de BOURDIN 10 mars 1643	MARIE BAUDE	NICOLAS-BERNARD de FONTAINES 22 novembre 1643.	FRANÇOISE de RIMBAUCOURT	CHARLES DESFORGES 13 février 1626.	ANNE de St-BLIMONT	JACQUES de LOUVENCOURT 12 août 1636.	MARGUE-RITE de CONTY	GÉDÉON PICQUET 7 novembre 1638.	MARIE BACOUEL	ANDRÉ de St-SUPLIX 21 mars 1640.	MARIE de CACHELE

ROBERT de CACHELEU. 4 novembre 1673. — ANNE de TILLOLOY.

CHARLES de BOURDIN. — MARIE-JEANNE de FONTAINES. 10 mars 1677.

FRANÇOIS DESFORGES. — MARTHE-URSULE de LOUVENCOURT. 14 janvier 1677.

ANTOINE PICQUET. — ANTOINETTE de St-SUPLIX. 10 décembre 1679.

JOSEPH de CACHELEU. 3 décembre 1701. — MARIE-ANGÉLIQUE de BOURDIN.

MAXIMILIEN-GABRIEL DESFORGES. 16 septembre 1722. — ELISABETH PICQUET.

MAXIMILIEN de CACHELEU. — MARIE-ELISABETH-URSULE DESFORGES.

ALEXANDRE-GABRIEL DE CACHELEU,
né le 25 janvier 1759,
reçu chevalier de Malte le 5 novembre 1785.

Imp. Delattre-Lenoel.

www.ingramcontent.com/pod-product-compliance
Lightning Source LLC
Chambersburg PA
CBHW060742280326
41934CB00010B/2319